Luftgefahr 15 ...

BOOKS on DEMAND

Hubert Kupper

Luftgefahr 15 ...

Protokoll zum Luftschutz in Hennef im Jahre 1943

Bibliografische Information der Deutschen Nationalbibliothek:
Die Deutsche Nationalbibliothek verzeichnet diese Publikation in der
Deutschen Nationalbibliografie; detaillierte bibliografische Daten sind
im Internet über http://dnb.dnb.de abrufbar.

Herstellung und Verlag: BoD – Books on Demand, Norderstedt

ISBN: 978-3-7347-9472-8

Inhaltsverzeichnis

Einleitung

Luftgefahr 15 ...

ich wusste bis heute nicht, was das bedeutet. Damals ging die Sirene - dreimal hintereinander 1 Minute lang – und wir Kinder wurden von unseren Eltern geweckt und in den Luftschutzkeller geführt, wo wir dann unter dem mitgebrachten Federbett und auf dem Kopfkissen zu schlafen versuchten. Motorengeräusch der herannahenden Bomber, wütendes Gebell der Flak und das Geheul und Krepieren der abgeworfenen Bomben wurden registriert, bis endlich alles leiser wurde und schließlich verstummte. Im Dämmerschlaf hörten wir dann endlich wieder die Sirene, nun war es ein langgezogener Ton, die Entwarnung. Wir wanderten wieder nach oben in die Schlafzimmer, wo wir dann ein paar Stündchen in Ruhe schlafen konnten, bis wir um 6 Uhr aufstehen mussten, um rechtzeitig in der Schule zu erscheinen. - Das war der Nachtablauf für uns ab dem Jahr 1942 bis zum Kriegsende 1945. - Bedeutete das „Luftgefahr 15"?

Heute weiß ich: Luftgefahr 15 bedeutete, dass 15 Minuten nach Sirenenalarm die feindlichen Flugzeuge mit ihrer Bombenfracht zu erwarten waren.

Seit Ostern 1942 waren wir es gewöhnt, aus unserem Schlaf gerissen zu werden, um in den Luftschutzkeller zu gelangen; ja, Ostern war es, ich hatte Kinderkommunion, da war in der Nacht ein Luftangriff auf Köln. Bei uns wurde auch Luftgefahr 15 gemeldet; deshalb waren wir im Keller. Glücklicherweise wurden bei uns aber keine Bomben abgeworfen, sondern nur Flugblätter, wie wir am nächsten Tag feststellten.

Wir, das heißt meine Geschwister und ich, gingen mit meiner Cousine aus Aldenhoven, die zu meiner Kinderkommunion gekommen war und bei uns übernachtete, in die Siegniederung, da, wo früher das Strandbad war und heute die Autobahnbrücke über die Sieg führt, und sammelten die Flugblätter ein. Was drauf stand? Ich weiß es nicht, ich kann mich nicht mehr erinnern. Zudem war es ja verboten, den Text zu lesen. Man musste unverzüglich die Flugblätter im „Braunen Haus" an der Hitler Straße, der Nazi-Zentrale, ohne sie zu lesen, abgeben!

Ja, das war meine Kinderkommunion!

In der Nacht vom 30. auf den 31. Mai war dann der von „Bomber-Harris" initiierte „1.000 Bomber-Schlag" auf Köln, mit einem bis dato nicht erlebten Weltuntergangs-Szenario für die schöne Großstadt.

Was die *Welt* später (am 30. Mai 2012) dazu schreibt,steht im Anlage 1.

Am Tag darauf, an einem Sonntag, fielen verbrannte Papierblätter, die durch die Hitze in Köln in die Luft gewirbelt waren, in unseren Garten. Ich versuchte , die Buchstaben darauf zu erkennen; aber beim Anfassen zerfielen die verbrannten Blätter ...

In Anbetracht der immer näher kommenden Fliegerangriffe, zunächst auf Köln, dann auf Troisdorf, Siegburg und schließlich auf Hennef wegen seiner vielfältigen Industrie, die mittlerweile auf Kriegskurs, das heißt kriegskonforme Produktion, eingestellt war, wurde nun auch der Luftschutz im Ort intensiviert. Dazu diente der Administration ein Gesetz zum Luftschutz aus dem Jahr 1935.

Am 27. Oktober 1942 wurden von der Polizeibehörde Hennefs die zu Hause verbliebenen älteren Männer (etwa ab 40 Jahren!) aufgefordert, sich für den Luftschutz zu engagieren. Zur Warnung gegen Protest und Ausplauderei gegenüber Dritten, wozu auch die Familie (!) gehörte, war auf der Rückseite eine Auflistung der Bestrafungsmöglichkeiten bei Nichtbeachtung aufgezählt (s. Anlagen 2 und 3!).

Warum ich das hier alles erzähle? Das kam mir in den Sinn, als ich kürzlich in meinem Elternhaus das Protokoll einer Sitzung des Luftschutzausschusses der Gemeinde Hennef, datiert vom 28. Januar 1943, fand. Da hatte mein Vater wohl teilgenommen. Es waren fünfzehn Seiten, die Durchschrift eines mit Schreibmaschine geschriebenen Protokolls. Da es damals keine Möglichkeit zum Kopieren gab – ja, ich glaube, man kannte es noch gar nicht – wurden beim Schreiben Durchschläge über „Kohlepapier" auf eine Art Seidenpapier geschrieben, oft bis zu zehn an der Zahl. Wenn die fehlerhafte Stelle rechtzeitig bemerkt wurde, wurde sie mit x'en übertippt, oder, wenn der Fehler allzu groß war, musste die gesamte Seite neu geschrieben werden! Oftmals befand sich auch eine Stelle in dem Text, die eine kleine Ergänzung erfahren musste, die wurde dann später per Hand mit einem „Blaustift" nachgetragen.

So ist es nicht verwunderlich, dass ich den Text für diese Veröffentlichung abgeschrieben habe.scannen war nicht drin, weil dabei das dünne Durchschlagpapier den Text nur schwer lesbar machte!

Bei der Abschrift habe ich zur besseren Lesbarkeit einige Änderungen vorgenommen:
Eine Leerzeile wurde zwischen Absätzen eingeschoben;
„sodaß" wurde zu „so dass";
„u." wurde durch „und" ersetzt;
ferner habe ich Blocktext verwendet.

Einige wenige Stellen waren überhaupt nicht lesbar, weil die Texte bei den Durchschriften durcheinander gekommen waren. Ich habe das deutlich gemacht. Das gilt für die Seite 33.

Was in dem Protokoll vereinbart und für die „Praxis" angeordnet wurde, hatte seinen Sinn: mehrfach wurde Hennef angegriffen oder stand im „Auslaufbereich" der feindlichen Angriffe, das heißt Hennef bekam die Auswirkungen der Angriffe auf Köln oder auch auf Troisdorf (mit dessen kriegswichtigen Einrichtung „Dynamit Nobel") zu spüren oder geriet mit zunehmender Kriegsdauer selber immer stärker in den Bereich der Bomber-Angriffsziele.

In den ersten Kriegsjahren warfen über Hennef offensichtlich die Bomber ihre todbringende Last ungezielt ab, um nicht voll beladen nach England zurückkehren zu müssen. So fielen einst mehrere Bomben (fünf, sechs?) auf das Feld zwischen Stein- und Siegfeldstraße, wo heute eine Siedlung steht. Dabei wurde das Gefängnis getroffen. Es stand an der Ecke Steinstraße/Abs-gartenstraße. Wir Kinder sahen das Dilemma am nächsten Tag, als wir zur Schule in der Steinstraße gingen und an den Bom-bentrichtern und dem Trümmerhaufen vorbeikamen.

So ein Bombenabwurf war auf der anderen Seite für uns immer etwas Besonderes und eine Herausforderung: wir Kinder such-ten überall nach den Bombensplittern, und wer den größten oder den extremst verformten gefunden hatte, war gleichsam der König für den laufenden Tag!

Aber in der Nacht, da waren wir alle still und vergaßen das al-les; da saßen wir im Keller und warteten sehnsüchtig auf die Entwarnung. Die Fenster waren mit Läden geschlossen und zu-sätzlich mit Pappen oder Tüchern verhangen, so dass kein Licht nach außen dringen konnte. - Dieses konnte nur von Ker-zen herrühren, denn elektrischer Strom war zumeist schon beim E-Werk abgeschaltet! Zudem patrouillierte auf der Straße der Luftschutzwart, der nachzuschauen hatte, wo noch Licht nach außen drang. „Die Feinde dürfen uns nicht sehen!" hieß es dann.

Nun ist es wichtig, die Kriegslage zu schildern, in der sich Deutschland zu der Zeit der besagten Sitzung befand:

Ende November 1942 hatte die Großoffensive der Roten Ar-mee gegen die rumänischen und deutschen Linien nordwestlich und südlich von Stalingrad begonnen. Wenige Tage später war die 6. Armee unter ihrem Befehlshaber Paulus eingekesselt.

Die sowjetischen Truppen eroberten bis zum 23. Januar Rand-gebiete der Stadt, und am 24. Januar wurde der Kessel in eine nördliche und eine südliche Hälfte geteilt.

Am 31. Januar ging Paulus in sowjetische Gefangenschaft. Es folgten Teilkapitulationen von Einheiten des Südkessels; der Nordkessel kämpfte noch bis zum 2. Februar.

Zur Erinnerung: In dieser Schlacht um Stalingrad kamen zwischen 700.000 und 1,5 Millionen Menschen ums Leben. Etwa 110.000 deutsche Soldaten gerieten in sowjetische Gefangenschaft. Davon kehrten später nur etwa 5.000 in ihre Heimat zurück.

Die verlorene Schlacht von Stalingrad_war eine der größten Katastrophen der deutschen Wehrmacht, der Wendepunkt des Zweiten Weltkrieges: An allen Fronten ging es zurück, und die Bevölkerung bezweifelte immer mehr den Endsieg. - das wurde auch vom Staatssicherheitsdienst nach oben gemeldet (s. u.!).

Stalingrad, das war damals der Dreh- und Angelpunkt des Denkens! Dass die Deutschen in Afrika zurückgeschlagen wurden, dass die Deutschen im Seekrieg immer - gelinde gesagt - den Kürzeren zogen, das wurde alles nicht registriert, aber dass Stalingrad auf der Kippe stand, das wurde als existentiell bedrohlich empfunden! Und so habe ich den Krieg in Erinnerung: Nur das, was in Russland passierte, war wichtig

Dann kam der 30. Januar 1942, es war am Abend: Ich saß, frierend, weil der Ofen nicht angemacht werden konnte, am Radio und hörte die Rede Görings, in der er die „tapferen Kämpfer" von Stalingrad geradezu in den Himmel hob, sie müssten „die asiatischen Horden, die gegen Deutschland, gegen Europa, gegen die europäische Kultur und Geschichte anrennen würden, aufhalten, ja vernichten".

Und dann brachte er einen Vergleich, der mir lange hinterher gelaufen ist und mir für eine Ewigkeit die deutschen Truppen als die Verteidiger jeglichen zivilisierten Lebens erscheinen ließ: *„Die Deutschen stehen alleine da, wie damals Leonidas mit seinen dreihundert Spartiaten, als er bei den Thermopylen dem asiatischen, übermächtigen Perserheer gegenüberstand und bis zuletzt die Freiheit verteidigte"*. Ich war fasziniert, zunächst von der Redekunst des Generalfeldmarschalls und dann aber auch - noch mehr - von Leonidas und - von den Helden in Stalingrad. (Natürlich habe ich die Rede nicht wörtlich behalten, aber sinngemäß gingen sie mir jahrzehntelang durch den Kopf!)

Aber, …

dass Leonidas zusammen mit seinen Getreuen letztlich das Leben lassen musste,
dass er für alle Griechen die Heimat gegen einen Aggressor verteidigte (wie ich später im Griechisch-Unterricht auf dem Gymnasium erfuhr), Stalingrad aber weit außerhalb Deutschlands liegt und auf der Eroberungsliste der Nazis stand …das alles war mir damals nicht klar!

In den „Meldungen aus dem Reich" hieß es zur Rede Görings später (Nr. 355 vom 1. Feb. 1943 unter I. Allgemeines):
Die Gestaltung des 10. Jahrestages der Machtübernahme wurde von der Bevölkerung als dem Ernst der Lage angemessen empfunden. Trotz des Verzichts auf alle Feierlichkeiten sei die Bedeutung dieses Tages zu ihrem Recht gekommen. Über die bloße Erinnerung an das Geschehen vor 10 Jahren hinaus habe gerade dieser 30. Januar dem deutschen Volke Besinnung und neuen Mut in einem Augenblick gegeben, als es eine solche Stärkung brauchte.
Die Rede des Reichsmarschalls ist wegen des ungünstigen Zeitpunktes und der Verschiebung um insgesamt eine Stunde nur von einem Teil der Bevölkerung abgehört worden, habe aber "in ihrer schlichten", oft „sehr markanten Art" angesprochen. Vor allem seien die Volksgenossen dem Reichsmarschall dankbar, dass er auf manche Fragen offene, wenn auch zum Teil schmerzliche Aufschlüsse gab. Der Vergleich zwischen Stalingrad und Termopylen verdichtete die Ahnung zur Gewissheit, dass ein Entsatz nicht mehr möglich war. Umso bedeutungsvoller war die Erklärung von der strategischen Bedeutung dieses Heldenkampfes für den sich z. Zt. vollziehenden Aufbau einer neuen Abwehrfront. Die Zuversicht, mit welcher der Reichsmarschall von der kommenden Frühjahrsoffensive sprach, gab solchen Volksgenossen, welche in den letzten Tagen nahe daran waren, den Mut sinken zu lassen, neue Hoffnung. Lediglich die Bemerkung, dass nach seiner

Überzeugung die Sowjetmacht z. Zt. ihr letztes Aufgebot in den Kampf schicke, fand keine ungeteilte Zustimmung. Man erklärte dazu, die Russen hätten uns bisher zu viel Überraschungen bereitet, als dass man hoffen könnte, dass die augenblickliche wirklich ihre letzte Kraftanstrengung sein werde.

Andererseits wurde der Hinweis auf den „durch eine Weltanschauung geeinten und geformten Gegner" als überzeugende Erklärung des russischen Widerstandswillens empfunden ... Unter den Frauen, besonders solchen, die Angehörige in Stalingrad wissen, haben die soldatisch harten Worte des Reichsmarschalls von der Selbstverständlichkeit des Soldatentodes tiefe Erschütterung ausgelöst...

Wie gesagt, im allgemeinen war die Stimmung mies. Da änderte auch Goebbels Rede im Sportpalast am 18. Februar 1943 mit dem Aufruf zum „Totalen Krieg" nichts daran.

Und die Stimmung wurde immer schlimmer, mit jedem neuen Luft- und Bombenangriff, mit der zunehmenden Lebensmittelrationierung, mit jeder verlustreichen Aktion im Land- und Seekrieg, mit der schwindenden Hoffnung auf ein siegreiches Ende. Die Stimmung und Ohnmacht äußerten sich in Witzen über die Führungsriege, doch wurden solche Witze von den Erwachsenen mit größter Vorsicht gebracht, vielleicht nur im eigenen Heim, aus Angst, dass der Staatssicherheitsdienst etwas mitbekam und man dann irgendwohin verschwand, wo es nicht so gut war. Kinder aber trugen oft solche Dinge nach außen, wie zum Beispiel in der Schule meiner Cousine, die damals 14 Jahre alt war und sich heute noch eines „Tischgebetes" erinnert, das sie mit anderen Jugendlichen in den Schulpausen „gebetet" hatte:

Komm, Herr Hitler, sei unser Gast,
und gib uns die Hälfte von dem, was Du uns versprochen hast.
Nicht Kartoffeln und Hering,
sondern, was Du isst und Göring.
Du nahmst uns die billigste Margarine weg,

ein Volk ohne Butter, ein Führer ohne Frau,
und das nennst Du „Aufbau"!
Komm, Herr Hindenburg, Du edler Streiter,
steig herab und hilf Deinem Gefreiter.
Er weiß nicht mehr weiter...

Das Protokoll, das wir hier vor uns haben, zeigt einen kleinen Ausschnitt aus dem Leben der Bürger Hennefs in diesen Kriegsjahren. Es wird ähnlich gewesen sein in anderen Dörfern und Städten.

Hier wird nicht erzählt von dem nächtlichen Brand des Rathauses nach einem Treffer durch Brandbomben,

hier wird nicht erzählt von dem Angriff anglo-amerikanischer Jagdbomber tagsüber auf den Bahnhof Hennef, als mehrere Wohnhäuser um das Bahnhofgelände und die Adolf-Hitler-Straße (heute Frankfurter Straße) in Trümmerhaufen verwandelt und damit – zwar keine Leben – aber ganze Lebensinhalte und -ziele vernichtet wurden,

hier wird nicht erzählt von dem einzelnen Tiger (-Panzer), der aus der Verteidigungslinie an der westlichen Reichsgrenze 1944 vor der Schulungsburg auftauchte, um Kraftstoff zu tanken, den er an der Front nicht erhalten konnte,

hier wird auch nicht erzählt, wie nach dem Krieg die Messdiener von St. Simon und Judas in halsbrecherischen Unternehmungen über dem Kirchengewölbe Reste von Kaugummipäckchen zu bekommen suchten, die die GI's dort (als Artilleriebeobachter im Vierungsturm) weggeworfen hatten, weil sie im Überfluss davon hatten,

es wird nicht erzählt von dem von den Nazis erzwungenen „Schanzen" meines Bruders Willi (Alter 14 Jahre) mit seinen Freunden und Schulkameraden am Westwall,

es wird nicht erzählt, wie ein Westwallschanzers in jugendlichem Leichtsinn bei Jülich aus Nazi-Tortur und extremer

Kriegskonfrontation ausbüxte und nach Hause fuhr – das war Paul-Leo (13 Jahre), ein Freund von Willi.

Ja, es gab Schlimmeres im Krieg durch Fliegerangriffe: in Dresden, in Hamburg, in Köln; und doch, im Kleinen haben wir in Hennef das auch erlebt.

Hier geht es nur um ein Protokoll; dem Protokoll einer konstituierenden Sitzung zum Luftschutz in einer wahrlich schlimmen Zeit. Mögen wir, mögen unsere Kinder und Kindeskinder nie mehr in eine solche Situation kommen!

Das wünsche ich mir durch die Veröffentlichung. Das wünsche ich allen, die mit Sorgfalt und Verständnis dieses Protokoll und meine Erinnerungen lesen.

Hubert Kupper

Das Protokoll

Luftschutz-Planbesprechung

im Luftschutzort III. Ordnung Hennef/Sieg

am 28. Januar 1943.

Ort der Besprechung: Saal des Hotel „Kaiserhof" in Hennef/Sieg.

Beginn: 10,30 Uhr.

Dauer: etwa 2 Stunden.

Inhaltsverzeichnis:

16

I. Besprechungsfolge:

a) Begrüßung der Gäste und Teilnehmer durch den stellvertretenden Bürgermeister, Beigeordneter Walterscheid.

b) Vortrag des Beigeordneten Walterscheid über die Lage und Struktur der Gemeinde Hennef/ Sieg.

c) Luftschutz-Planbesprechung.

II. Leitung und Teilnehmer:

a) Örtlicher LS-Leiter: Beigeordneter Walterscheid,

b) Leitung und Anlage der Besprechung: Oberleutnant der Gendarmerie Fischer-Siegburg.

c) Aktive Teilnehmer:

1. Örtlicher LS-Leiter mit Stab,

2. Ordnungspolizei, Gendarmerie und Hilfskräfte,

3. Führer der Feuerlöschkräfte,

4. Führer des Instandsetzungsdienstes,

5. Führer des Sanitätsdienstes,

6. Vertreter der Gemeindeverwaltung,

7. Vertreter der Partei und NSV-Ortsverwaltung,

8. Vertreter des RLB,

9. Werkschutzleiter der Firma J. F. Jacobi,

10. Landluftschutzleiter des Ortes Geisbach,

11. Vertreter eines Betriebes des Erweiterten Selbstschutzes,

12. Vertreter der Reichsbahn und der Reichspost.

d) geladene Gäste.

17

III. Verfügbare Kräfte

werden in der Besprechung bekanntgegeben.

IV. Allgemeine Lage:

Kriegslage wie am Übungstage, 28. Januar 1943.

V. Besondere Lage.

Feindflieger haben in letzter Zeit ihre Angriffe auf west-
deutsches Gebiet in verstärktem Maße fortgesetzt. Der
Luftschutzort Hennef/Sieg ist bereits wiederholt angegriffen
worden, so dass auch für die Folge mit planmäßigen Angriffen
zu rechnen ist.

VI. Wetterlage.

Dunkle Nacht, diesiges Wetter, Westwind.

VII. Übungszweck:

1) Erprobung des Melde- und Nachrichtendienstes.

2) Erprobung des Einsatzes und des Zusammenwirkens
der Kräfte.

VIII. Übungseinlagen.

(wie anliegend)

Hennef/Sieg, den 28. Januar 1943.

Der Bürgermeister

als örtlicher Luftschutzleiter.

In Vertretung

I. Beigeordneter

Übungseinlagen.

1) Meldung:	20,10 Uhr Luftgefahr 15
2) Meldung:	20,30 Uhr Fliegeralarm.

1.) Einlage:

Luftschutzblockwart meldet durch Melder an die Luftschutzleitung:

In der Adolf-Hitler-Straße vom Hause Rondorf bis zum Hause Ley sind Spreng- und Brandbomben gefallen. Mehrere Häuser sind zerstört. Die Häuser Vester, Rondorf und Hammer brennen, das Postgebäude ist gefährdet. Die Häuser Schiffgen, Huys, Walterscheid und Ley sind teilweise zerstört. Schuttmassen versperren die Hauptstraße.

2.) Einlage:

Der Werkschutzleiter der Firma Jacobi meldet fernmündlich an LS-Leitung:

Eine Anzahl Brand- und Sprengbomben sind auf die Werkanlagen Jacobi gefallen und haben erheblichen Gebäudeschaden verursacht. Der östliche Teil der Fabrik brennt; mehrere Leicht- und Schwerverletzte. Eigene Kräfte restlos eingesetzt, reichen aber nicht aus. Ich bitte um Löschhilfe.

3.) Einlage:

Um 21,00 Uhr meldet der Luftschutzgemeinschaftsleiter Meyer aus Geisbach:

Mehrere Brandbomben sind im Südteil des Ortes Geisbach gefallen und haben an zwei Stellen Großfeuer verursacht. Außerdem sind an einigen Stellen kleine Dachstuhlbrände entstanden, welche durch eigene Feuerlöschkräfte bereits erstickt sind.

Ich bitte dringend um Löschhilfe.

4.) Einlage:

Gutshof Schüller-Allnerhof meldet fernmündlich:

Auf unserem Gutshofe sind Brandbomben gefallen. Die Stallungen brennen. Wir bitten um Hilfe.

5.) Einlage: 22,00 Uhr. Luftgefahr vorbei.

Erläuterungen

über die Lage und Struktur des LS-Ortes III. Ordnung H e n n e f /Sieg und über den Aufbau der Organisation des SHD zur Luftschutzplanbesprechung am 28. Januar 1943.

Lage und Beschreibung der Gemeinde.

Die Gemeinde Hennef/Sieg hat eine vielhundertjährige Geschichte. Sie wird nachweislich im 11. Jahrhundert genannt. Bis zum Jahre 1934 war sie ein Amt mit den Gemeinden Geistingen und Blankenberg. Seit dieser Zeit ist sie Einzelgemeinde. Sie zählt insgesamt 51 Ortschaften und selbständige Gutshöfe, von denen der Ort Hennef mit den früheren Ortsteilen Geistingen und Warth der größte ist.

Der Ort Blankenberg mit seinen bekannten Ruinen einer ehemaligen festen Burg, einer Gründung des Grafen Sayn, weist sein Entstehen aus dem 12. Jahrhundert nach. Im Jahre 1208 starb auf der Burg der Kölner Erzbischof Bruno von Sayn. Dem Ort Blankenberg wurde im Jahre 1247 das Stadtrecht verliehen.

Der Flächeninhalt der Gemeinde beträgt 4375 ha. Hierin ist ein Waldbestand von ca. 500 ha enthalten.

Die Gesamteinwohnerzahl der Gemeinde beträgt 9145, gemessen an der Personenstandsaufnahme Oktober 1941.

Von der Gesamteinwohnerzahl birgt der Ortskern Hennef 5433 Einwohner, während sich der Rest von 3712 Einwohnern auf die übrigen Ortschaften und Gehöfte verteilt.

Das Gemeindegebiet wird begrenzt im Norden vom Amt Lauthausen, im Osten vom Amt Uckerath, im Süden von den Ämtern Uckerath und Oberpleis, im Westen von den Ämtern Oberpleis und Menden.

Der Hauptteil der Gemeinde bildet den Eingang zur Kölner

22

Bucht, im Norden wird sie von den Ausläufen des Bergischen Landes und im Osten und Süden von den Ausläufen des Westerwaldes umschlossen. Der Ortskern Hennef liegt rd. 70 m über dem Meeresspiegel. Östlich und südlich im Gemeindegebiet ergeben sich Ortslagen bis zu 213 m.

Hennef ist Kneipp-Kurort; ein großes, modern errichtetes Kurhaus ist vorhanden.

Der Siegfluss durchfließt das Gemeindegebiet in einer Länge von rd. 10 km und bildet von seinem Eintritt in das Gemeindegebiet beim Dorf Auel fast in seiner ganzen Länge die nördliche Grenze des Gemeindegebietes.

Die Reichsstraße Nr. 8 durchquert das Gemeindegebiet bei der Reichsautobahnabfahrt Buisdorf beginnend in einer Länge von etwa 8 km und zwar in Richtung von Nordwest nach Südost. Weitere Durchgangsstraßen sind die Straßen I. Ordnung Hennef-Eitorf, Hennef-Waldbröl und Quadenhof-Söven-Westerhausen. Das Gesamtstraßennetz der Gemeinde ist rd. 75 km lang.

Die Reichsbahnstrecke Köln-Gießen-Frankfurt/Main durchschneidet das Gemeindegebiet von Westen nach Osten und bildet 2 Stationen innerhalb der Gemeinde mit den Reichsbahnhöfen Hennef und Blankenberg.

Die Nebenbahn Rhein-Sieg-Eisenbahn A.G. hat in Hennef ihren Hauptumschlagbahnhof und ist Knotenpunkt der Linien Hennef-Waldbröl, Hennef-Asbach und Hennef-Beuel. Sie ist die älteste Kleinbahn des Deutschen Reiches. Der jährliche Güterumschlag dieser Nebenbahn beläuft sich auf rd. 66000 to. Ferner unterhält die Nebenbahn Omnibuslinien Hennef-Uckerath und Hennef-Söven-Westerhausen.

Die Reichspost vermittelt ebenfalls in ihren Landzustellbezirken auch Personenbeförderung.

Bauart innerhalb der Gemeinde.

Innerhalb des gesamten Gemeindegebietes ist die offene

Bauweise vorherrschend. Nur in einzelnen Straßen des Ortes Hennef befinden sich einige geschlossene Baublocks. In den übrigen Ortschaften (Dörfern) herrscht allgemein aufgelockerte Bauweise. Wohnhäuser mit mehreren Etagen sind nur einzeln und zwar im Orte Hennef vorhanden.

Die Schutzräume in den Wohnungen sind behelfsmäßig hergerichtet, Kellerdurchbrüche bisher vereinzelt vorgenommen.

Öffentliche LS-Räume sind nicht vorhanden. Einzelne Dörfer haben aus eigenem Entschluss Splitterschutzgräben oder Splitterschutzräume errichtet, so in Stein, Weingartsgasse und Westerhausen.

Versorgungswesen.

Die Versorgung der Gemeinde mit Elektrizität erfolgt durch das Rhein.-Westfälische Elektrizitätswerk. Sämtliche Orte und Gehöfte sind angeschlossen.

Die Gemeinde besitzt ein eigenes Gaswerk. Außer dem Ort Hennef mit den früheren Ortsteilen Geistingen und Warth sind noch die Orte Geisbach und Stoßdorf angeschlossen. Die Jahreserzeugung des Werkes beläuft sich auf rd. 600000 cbm.

Bezüglich der Wasserversorgung der Gemeinde ist folgendes zu sagen:

Die Wasserversorgung von Hennef und der Ortsteile Warth und Geistingen sowie der Orte Edgoven, Geisbach und Stoßdorf erfolgt durch eine zentrale Wasserleitung, welche als Ringleitung ausgebaut ist. Das Wasser fließt von den Hochquellen bei Haus Ölgarten, am Wißmannsweg und bei Kümpel direkt in das Rohrnetz. Der nicht verbrauchte Überschuss wird in einem Hochbehälter von 45o cbm Inhalt aufgenommen. Eine Pumpstation in Hennef speist die Leitung zusätzlich mit Grundwasser. Es sind 140 Hydranten, zum überwiegenden Teil Überflurhydranten eingebaut. Die Wasserleitungsrohre haben verschiedene Weiten und zwar 150, 100, 80, 60 und 50 mm.

24

In Rott-Söven besteht eine Wasserleitung mit 2 Kolbenpumpen. Es sind 20 Unterflurhydranten eingebaut.

Der Ort Blankenberg wird durch eine Wasserleitung mit einer Lambach-Pumpe versorgt. 12 Hydranten sind vorhanden.

Dambroich besitzt eine Wasserleitung, die nur von Quellen, welche das Wasser in einen Hochbehälter von 90 cbm fördern, gespeist wird. Aus dem Hochbehälter fließt das Wasser in das Rohrnetz mit einem Druck von 5 Atm.. Es sind 11 Unterflurhydranten angeschlossen.

In Lanzenbach wird das Wasser aus der Quelle durch eine Kolbenpumpe in das Rohrnetz befördert. Ein Hochbehälter sammelt 35 cbm Wasserreserve. 5 Unterflurhydranten sind eingebaut.

In Striefen ist die gleiche Versorgungsanlage mit 5 Unterflurhydranten.

In allen anderen Orten der Gemeinde wird das Wasser aus Schöpfbrunnen oder kleinen automatischen Hauspumpen entnommen.

Löschwasserversorgung.

Die Löschwasserversorgung des gesamten Gemeindegebietes kann als gesichert bezeichnet werden.

Neben den Wasserleitungen bilden die natürlichen Wasserläufe der Sieg, des Ahrenbaches, des Steinerbaches, Hanfbaches, Petershohnerbaches, Wolfsbaches, des Blankenbaches und des Pleisbaches ausreichende Wasserentnahmestellen.

7 Feuerlöschteiche sind vorhanden und zwar in Westerhausen, Söven und Blankenberg und bei den Gutshöfen Hommerich, Dürresbach, Zissendorf und Allnerhof.

8 weitere Fisch- oder Mühlenteiche ergänzen die Löschwasserversorgung und zwar beim ehem. Kloster in Hennef-Geistingen, Mühle Ersfeld im Ortsteil Warth, Mühle Lanzenbach, Wiederschall, Stein und Scheurenmühle, sowie

die Weiher am Steimelsberg und an der Reichsautobahn.

Geplant ist die Anlage eines Feuerlöschteiches in Rott und Stoßdorf.

Luftgefährdung und Luftempfindlichkeit.

a) Luftgefährdung.

Das Gemeindegebiet hat in seinem überwiegenden Teil landschaftlichen Charakter. Der Ort Hennef birgt jedoch eine Reihe größerer und mittlerer Industriebetriebe.

10 Werkluftschutzbetriebe sind vorhanden und zwar

1) Reuther & Reisert	mit 229 Gefolgsch.stärke
2) J.F.Jacobi, G.m.b.H.	" 380 "
3) Ph. Löhe, G.m.b.H.	" 163 "
4) Jos. Meys & Co.	" 182 "
5) Gebr. Steimel	" 128 "
6) Peter Steimel "Fix"	" 78 "
7) Räuchle & Co.	" 80 "
8) Sürther Maschinenfabrik,	
Abt. Eisenwerk Marx	" 56 "
9) Klio-Werk G.m.b.H.	" 23 "
10) Gemeinde-Gas- und	
Wasserwerk	" 9 "

Fabrikationszweige sind vorwiegend: automatische Waagen, Landmaschinen, Eisengießerei, Schreibwaren und Büromöbel.

Während der Kriegszeit sind fast sämtliche Werke mit Heeresaufträgen stark beschäftigt.

An Erweiterten Selbstschutzbetrieben sind vorhanden:

26

1) Ersfeld & Co., Landesprodukte und Mühlenbetrieb,

2) Franz Mues, Landesprodukte und Mühlenbetrieb,

3) Wilhelm Ennenbach, Wäschefabrik,

4) Kneipp-Kurhaus,

5) St. Josef-Krankenhaus,

6) Waisenhaus der Stadt Köln im ehem. Kloster,

7) Altersheim Elisabeth-Haus Hennef-Geistingen,

8) Kreisschulungsburg Hennef/Sieg,

9) Landwirtschaftsschule.

Außerdem sind noch 9 Gutshöfe dem Erweiterten Selbstschutz angeschlossen.

Das Postamt ist dem Postluftschutz, die Reichsbahn sowie die Nebenbahn Rhein-Sieg Eisenbahn A.G. dem Eisenbahnluftschutz unterstellt.

An Behörden sind vorhanden:

> die Gemeindeverwaltung,
>
> das Amtsgericht,
>
> die Post und
>
> die Reichsbahn.

An Schulen und Kirchen sind vorhanden:

> 8 Volksschulen,
>
> 1 Berufsschule,
>
> 1 Landwirtschaftsschule
>
> 7 Kirchen.

b) Luftempfindlichkeit.

Das Gemeindegebiet wird hinsichtlich seiner Luftgefährdung und Luftempfindlichkeit stark durch die Nähe der Großstädte Köln und Bonn, sowie der Großindustrie Troisdorf beeinflusst. Obschon fast sämtliche Orte des Gemeindegebietes durch starken Baumbewuchs eine natürliche Tarnung aufweisen, war das Gemeindegebiet seit Kriegsbeginn öfters das Angriffsziel der Feindflieger.

Insgesamt sind bisher 21 Luftangriffe aufzuweisen, davon waren die Angriffe mit Abwurf von Minenbomben am 11. Dezember 1941 auf den Ort Dambroich und am 13.4.1942 auf Edgoven die folgenschwersten.

Es wurden abgeworfen:

2 Minenbomben,

77 Sprengbomben und rund

4300 Brandbomben.

Unter letzteren befanden sich 15 Phosphorbrandbomben von 14 kg und 30 Kautschuk-Benzol-Brandbomben von 113 kg.

An Blindgängern wurden beseitigt:

7 Sprengbomben und

12 Phosphorbrandbomben.

Flugblätter wurden in 13 Fällen abgeworfen.

Eine Reihe Fallschirme für Leuchtbomben, 1 Mannschafts-Fallschirm, 6 Abwurfkästen für Stabbrandbomben und anderes Abwurfmaterial wurden sichergestellt und den zuständigen militärischen Stellen abgeliefert.

Ein vom Feindflug zurückkehrendes Deutsches Flugzeug stürzte beim Gut Zissendorf ab. Es war 1 Toter und 1 Verletzter zu beklagen.

Personenverluste bei den Luftangriffen sind bisher nicht zu verzeichnen. Als Folge eines Luftangriffes ist allerdings der Tod eines Kindes und die Verletzung von 3 Personen zu beklagen. Die Beteiligten hatten sich verbotswidrigerweise an einem aufgefundenen Zünder einer 113 kg-Kautschuk-Benzol-

28

Brandbombe zu schaffen gemacht und brachten sie zur Entzündung. Die 3 verletzten Personen sind später wegen fahrlässiger Tötung und Körperverletzung mit empfindlichen Gefängnisstrafen bedacht worden.

Die entstandenen <u>Sachschäden</u> werden wie folgt nachgewiesen:

Völlig zerstört:	2 Wohnhäuser,
	2 landwirtsch. Gebäude,
schwer beschädigt:	4 Wohnhäuser,
	1 Behördengebäude,
	7 landwirtsch. Gebäude,
mittelschwer beschädigt:	30 Wohnhäuser,
leicht beschädigt:	82 Wohnhäuser,
	1 Behördengebäude,
	1 Kirche,
	3 Schulen und
	30 landwirtsch. Gebäude.
Es entstanden	4 Großbrände,
	8 mittlere Brände und
	14 kleinere Brände.

Freies Gelände, landwirtschaftliche Grundstücke und Waldungen wurden in 19 Fällen beschädigt, Eisenbahnanlagen in einem Falle, ebenso eine Reichsstraße und 2 Straßen I. Ordnung.

<u>Viehschäden</u> waren nur in 1 Falle und zwar bei Kleinvieh zu verzeichnen.

<u>Ausquartierungen</u> erfolgten nach 1 Luftangriff aus 4 Häusern für insgesamt 16 Personen.

Die Höhe der entstandenen Sachschäden steht noch nicht fest. Bisher wurden rd. 600000 RM vergütet.

Aufbau des Luftschutzes.

I. Sicherheits- und Hilfsdienst.

a) Polizeikräfte:

Die Soll-Stärke beträgt: 3 Hauptwachtmeister der Schutz polizei

2 Meister der Gendarmerie

Die Ist-Stärke beträgt: 1 Haupwachtmeister der Schutz polizei

1 Wachtmeister d. Sch. d. Reser ve,

1 Meister der Gendarmerie

1 Wachtmeister d. Gend. d. Reserve.

Außerdem stehen zur Verfügung:

18 SA-Männer und

54 Landwachtmänner. (Auf letz tere wird nur im Notfalle zurück gegriffen. Die Postenführer sind sämtlich telefonisch zu erreichen.)

b) Feuerlöschkräfte:

Friedensstärke: Löschtrupp I Hennef (automob.) 27

" II " 13

" III " 13

" Blankenberg 18

" Rott-Söven-Dambroich 21

insgesamt 92 Mann.

Die Ist-Stärke beträgt:

Aktive Feuermänner   37

Ergänzungskräfte der HJ-Feuerwehr   18

Ergänzungskräfte durch Notdienstverpflichtung   120
                        Insgesamt   175 Mann.

Die vorgeschriebene Stärke (20 % über Friedensstärke) wird
also weit überschritten.

An Geräten sind vorhanden:1 automobiler Mannschaftswagen
mit einschiebbarer Klein-Kraftspritze 800/1000 Liter

1 Klein-Kraftspritze 400/600 Liter.

1 mechan. Leiter Magirus 16 Meter

3 Schlauchwagen.

Auf den Dörfern sind außerdem noch 7 Saug- und Druck-
spritzen mit dem dazugehörigen übrigen Gerät vorhanden.

An Schlauchmaterial ist vorhanden: 300 m B-Schlauch und
1680 m C-Schlauch.

Auch dieses Material ist zweckentsprechend auf die einzelnen
Ortschaften verteilt.

Eine weitere Kraftspritze 800/1.000 Liter ist in Auftrag gegeben.

Die Feuerwehr unterhält während der Kriegszeit eine ständige
Nachtwache. Wehrführer und Wache sind an das Fern-
sprechnetz angeschlossen.

c) Instandsetzungsdienst.

Der Instandsetzungsdienst wird von Werkleiter Babock geführt; er besteht aus 3 Gruppen mit je 1 Führer und 8 Mann.

Die Mannschaft setzt sich zusammen aus den Gemeindearbeitern und meist selbständigen Handwerkern jeden Faches.

Die erforderlichen Geräte sind vorhanden und werden an verschiedenen Stellen bereitgehalten, so z. B. beim Gemeindefuhrpark, den Gemeindewerken, den Ortschaftsvorstehern und den einzelnen Handwerksmeistern. 3 Lastkraftwagen sind sichergestellt.

Die Mannschaften des I-Dienstes sind entsprechend geschult, ein Teil derselben durch die technische Nothilfe in besonderen autogenen Schweißlehrgängen unterrichtet.

d) Sanitätsdienst

Der Sanitätsdienst wird durch die DRK-Bereitschaft ausgeübt. Sie hat eine Stärke von insgesamt 61 Mann und setzt sich zusammen aus 1 Oberwachtführer, 5 Gruppenführer mit 5 Gruppen zu je 11 Mann. Die durch Kriegseinsatz entstandenen Lükken der aktiven Bereitschaft wurden durch polizeilich herangezogene DRK-Hilfskräfte wieder ausgefüllt. Auch stehen 30 Helferinnen zur Verfügung, ebenso 2 Ärzte.

Die Sanitätsmannschaften sind zum größten Teil uniformiert und ausgerüstet. Es sind verfügbar:

6 Heerestragen, 1 Marinetrage, 5 Behelfstragen,

10 Verbandskästen, 2 Auto-Sanitätskästen, 2 Gas schutzkästen, 1 Gasschutzanzug, 2 Sauerstoffbehand lungsgeräte und sonstige Ausrüstungsgegenstände.

Eine ständige Nachtwache befindet sich im Krankenhause.

Es ist außerdem 1 Gasspür- und 1 Entgiftungstrupp aufgestellt. Die Ausbildung der Führer ist in die Wege geleitet, ebenso die Beschaffung der notwendigen Ausrüstungsgegenstände.

Die vorhandenen 4 Ärzte sind durch polizeiliche Verfügung zur Dienstleistung im SHD zur Durchführung ärztlicher Maßnahmen zur Verhütung von Erkrankungen im Luftschutzraum bei Fliegeralarm herangezogen worden.

II. Befehlsstelle.

Die Befehlsstelle des örtlichen Luftschutzleiters befindet sich im Rathause; sie ist ununterbrochen Tag und Nacht besetzt.

Ausweichstelle: Berufsschule in der Karl-Reuther-Straße.

Bei den Warnmeldungen „Luftgefahr" und „Fliegeralarm" treten zum Stabe des örtlichen Luftschutzleiters auf der Befehlsstelle an:

a) die Polizeikräfte,

b) der Feuerwehrführer,

c) der Führer des Instandsetzungs- und des Sanitätsdienstes

d) 12 Melder (HJ-Angehörige). Letztere sind mit Fahrrädern ausgerüstet.

III. Warnübermittlung.

... *Nicht lesbar* ... „Luftgefahr", „Fliegeralarm" und „Luftgefahr vorbei" ... *nicht lesbar* ... Warnvermittlung Siegburg an

33

die LS-Warnzentrale Köln angeschlossene Firma Jos. Meys & Co. hierselbst.

Die Warnung „Luftgefahr" wird durch telefonischen Anruf vermittelt und an das hiesige Krankenhaus und an die Gemeindewerke weitergegeben. Die Genehmigung hierzu ist durch das Luftgaukommando VI erteilt.

Die Warnmeldung „Fliegeralarm" und „öffentliche Luftwarnung" erhält der örtliche Luftschutzleiter durch eine besondere, direkte Klingelleitung von der Warnstelle der Firma Meys & Co.

Die Warnmeldungen „Fliegeralarm" und „öffentliche Luftwarnung" werden durch Sirene bei der Befehlsstelle ausgelöst, der sich die Sirenen der Firma Chronos-Werk Reuther & Reisert und die der Rhein-Sieg Eisenbahn AG sofort anschließen. Diese Warnmeldungen werden außerdem fernmündlich an 10 Warnstellen auf den einzelnen Orten der Gemeinde durch die Befehlsstelle weitergegeben und zwar fernmündlich. Diese geben ihrerseits die Warnmeldungen an besonders hierfür bestimmte Orte weiter. Hier erfolgen die Warnungen durch Feuerhornsignale.

Die Nachbargemeinden Lauthausen, Neunkirchen und Uckerath werden ebenfalls von der Befehlsstelle aus fernmündlich von den Warnungen benachrichtigt.

Die Benachrichtigungen über die Entwarnungen erfolgen auf gleichem Wege.

IV. Turmbeobachtungen.

Turmbeobachtungsposten werden nach Auslösung des Warn-

34

zeichens „Fliegeralarm" und „Öffentliche Luftwarnung" Werkluftschutzfirmen Chronoswerk Reuther & Reisert und Jos. Meys & Co aufgestellt. Die Posten sind mit Fernsprechleitungen verbunden.

V. Aufbau des Selbstschutzes.

Das Gemeindegebiet ist seitens des RLB in 10 Untergruppen aufgeteilt, von denen 5 Untergruppen der zusammenliegenden Ortschaftsteile Hennef-Geistingen-Warth städtischen Charakter tragen. Die übrigen verteilen sich auf Außenbezirke des Gemeindegebietes und bilden dort 18 Landluftschutzgemeinschaften.

In Hennef mit den Ortsteilen Geistingen und Warth sind neben den bestehenden 98 Luftschutzgemeinschaften

98 Luftschutzwarte,

490 Hausfeuerwehrleute,

196 Melder,

196 Laienhelferinnen und ferner

43 Einsatztrupps zu 1 Führer und 6 Mann

aufgestellt.

In den Außenbezirken hat der örtliche Luftschutzleiter 18 Stellvertreter ernannt, denen 18 Landluftschutzgemeinschaftsführer mit je 1 Feuerlösch- und Bergungstrupp (je 1 Führer und 8 Mann) unterstellt sind.

Die gesamte Bevölkerung ist in zusammen 951 behelfsmäßigen Luftschutzräumen untergebracht.

Sämtliche Selbstschutzkräfte sind seitens des RLB in Erst- und Wiederholungslehrgängen luftschutzmäßig ausgebildet. Mit der Unterweisung der gesamten Bevölkerung von 15 – 70 Jahren in der praktischen Brandbekämpfung ist bereits im vergangenen

Herbst begonnen worden. Der größte Teil der Bevölkerung (etwa 70%) ist inzwischen erfasst.

Darüber hinaus sind in jedem einzelnen Wohnhaus von geschulten RLB-Amtsträgern Hausunterweisungen durchgeführt und werden in gewissen Abständen regelmäßig wiederholt, um die Luftschutzbereitschaft eines jeden Hauses ständig zu überprüfen.

Auf Grund der Ergänzungsverordnung zur 7. Durchführungsverordnung zum Luftschutzgesetz sind von 1682 Wohnhäusern bereits 906 mit Luftschutz-Handspritzen und dem übrigen geforderten Selbstschutzgerät versehen. Es sind ca. 95 Tierluftschutzkästen beschafft.

Im ganzen gesehen ist der Selbstschutz durch die Beschaffenheit der Organisation des RLB jederzeit in der Lage, sich energisch und erfolgversprechend einzusetzen.

Die Leistungen des RLB sind mustergültig und verdienen vollste Anerkennung.

VI. Werkluftschutz.

Wie bereits erwähnt, sind im Gemeindegebiet 10 Werkluftschutzbetriebe vorhanden.

Die Betriebe sind wiederholt durch den örtlichen Luftschutzleiter in Verbindung mit dem Ortsstellenleiter als Beauftragten der Werkluftschutzbereichsstelle Rheinland überprüft worden. Die Betriebe haben hinreichenden Bereitschaftsdienst eingerichtet und genügend Brandschutzmaßnahmen getroffen.

Auch die Ausrüstungen des Bereitschaftdienstes sind in Ordnung und werden als hinreichend betrachtet. Die Ausbildung der Feuerlöschkräfte ist durch die Freiwillige Feuerwehr erfolgt.

Zu erwähnen ist, dass die Betriebe Chronoswerk Reuther & Reisert, J. F. Jacobi und Gebr. Steimel bereits mit Kraftspritzen ausgerüstet sind und die Belieferung anderer Betriebe mit Kraftspritzen in Aussicht steht.

VII. Erweiterter Selbstschutz.

Insgesamt sind 18 Betriebe des erweiterten Selbstschutzes vorhanden. Die Überprüfung der Betriebe ist wiederholt in Verbindung mit dem RLB vorgenommen worden.

Der Bereitschaftsdienst wird durch eigenes Personal gestellt. An der Vervollständigung der Ausrüstungsgegenstände wird ständig gearbeitet. Die Organisierung und Ausrüstung nach den Vorschriften der LDV 755 ist jedoch in vielen Fällen wegen des geringen Umfanges des Betriebes nicht immer durchführbar.

Bei den Volksschulen und den Kirchen werden die Ausrüstungen und Organisationen nach den Vorschriften für den erweiterten Selbstschutz nicht für erforderlich gehalten. Es genügen hier die Durchführungen der Anordnungen, wie sie für den Selbstschutz gegeben sind.

VIII. Obdachlosenbetreuung.

Zur Unterbringung von Obdachlosen nach Fliegerangriffen sind innerhalb des Ortes Hennef insgesamt 7 Auffangstellen eingerichtet. In den übrigen Orten sind als Auffangstellen die dort vorhandenen Gastwirtschaften und Schulen bestimmt.

Die Einweisung in Quartiere erfolgt an Hand der bei der Gemeindeverwaltung geführten Quartierkartei, so dass eine Unterbringung auf schnellstem Wege gewährleistet ist.

Verpflegung und Betreuung der Obdachlosen wird durch Organe der Partei bezw. NSV durchgeführt.

Schlussbemerkungen.

Die Gemeindeverwaltung und der örtliche Luftschutzleiter haben alles getan, um den Luftschutzort Hennef/Sieg luftschutzbereit zu machen. Es muss anerkannt werden, dass bei der Bevölkerung sowohl wie auch bei den industriellen und gewerblichen Betrieben vollstes Verständnis für die Belange des Luftschutzes gefunden wurde. Trotzdem bleibt noch viel zu tun übrig. Es steht jedoch zu hoffen, dass die bestehenden Schwierigkeiten nach und nach beseitigt werden können.

Hennef/Sieg, den 28. Januar 1943.

Der Bürgermeister

als örtlicher Luftschutzleiter.

In Vertretung.

I. Beigeordneter.

Anlage 1

Bei Vollmond über Köln

Am Nachmittag des 30. Mai 1942 begann der Angriff, und in der Nacht zum 31. Mai brach um 0.47, acht Minuten vor der geplanten Zeit, die Hölle über die stolze Stadt am Rhein herein. Die ersten Bomber über dem Zielpunkt Neumarkt waren zwei Stirlings. Ihre Piloten konnten den mit knapp drei Hektar größten Platz der Kölner Innenstadt bei fast Vollmond problemlos erkennen und mit Brandbomben markieren.

In den folgenden 88 Minuten erreichten immerhin 898 der gestarteten 1047 Flugzeuge das Zielgebiet und warfen ihre Bomben ab. Von den fast 1500 Tonnen waren zwei Drittel Brand- und nur ein Drittel Sprengsätze.

Die Folgen dieses 109., aber mit Abstand schlimmsten Luftangriffs auf Köln waren grauenvoll: Über 2500 einzelne Brandherde registrierte die Feuerwehr, davon 1700 große Feuer. Über 3000 Gebäude wurden total zerstört, über 2000 schwer und über 7000 leicht beschädigt. Anders als in Lübeck und Rostock jedoch entstand in der Altstadt kein Feuersturm. Deshalb gab es mit knapp 500 Toten gemessen an der Größe der Stadt relativ wenig Opfer. Allerdings wurden zehnmal so viele verletzt und 45.000 Bewohner ausgebombt.

(Aus der WELT vom 30.05.2012)

Anlage 2

Polizeiliche Verfügung – Vorderseite

Der .... **Bürgermeister** .... Hennef/Sieg .... , den 27. Oktober 194 2

als Ortspolizeibehörde

Nr. VIa.35-11.

An ~~Herrn~~ / ~~Frau~~ / ~~Fräulein~~   Jakob K u p p e r

in H e n n e f / S i e g .   **Polizeiliche Verfügung**

Bismark – .Str. Nr. ... 24

Auf Grund der §§ 2 und 5 des Luftschutzgesetzes vom 26. 6. 1935 (RGBl. I S. 827) in Verbindung mit dem § 9 der 1. Durchführungsverordnung zum Luftschutzgesetz vom 4. 6. 1937 (RGBl. I S. 559) werden Sie hiermit zur Dienstleitung im ~~Flugmeldedienst~~ — ~~Luftschutzwarndienst~~ — Sicherheits- und Hilfsdienst I./II. III. Ordnung — ~~Werkluftschutz~~ — ~~Selbstschutz~~ — ~~Erweiterten Selbstschutz*~~ herangezogen. Deutsches Rotes Kreuz

Sie haben sich zur Entgegennahme näherer Anweisungen an .... 2. November 1942 .... um 20 ..... Uhr bei .... Berufsschule .... einzufinden.
~~Dabei ist der in der Anlage beigefügte Vordruck, wahrheitsgemäß ausgefüllt, mitzubringen.~~

— Diese Heranziehung verpflichtet Sie zur gewissenhaften Erfüllung aller Dienstobliegenheiten, insbesondere zur Teilnahme an Ausbildungsveranstaltungen und Übungen. Den Anordnungen der mit der Durchführung des Luftschutzes beauftragten Personen haben Sie Folge zu leisten.

Gegen diese Verfügung ist Ihnen nach § 21 der 1. Durchführungsverordnung zum Luftschutzgesetz das Rechtsmittel der Beschwerde gegeben. Sie ist innerhalb zwei Wochen schriftlich oder zur Niederschrift während der Dienststunden von 8 bis 18 Uhr bei der unterzeichneten Behörde in Hennef/Sieg einzulegen. Die Beschwerde hat keine aufschiebende Wirkung.

Zuwiderhandlungen gegen diese Verfügung werden nach § 9 des Luftschutzgesetzes in Verbindung mit § 17 der 1. Durchführungsverordnung zum Luftschutzgesetz bestraft. ~~Unbeschadet der strafrechtlichen Verfolgung werden nach §~~ für den Fall der Zuwiderhandlung gegen diese Verfügung die Anwendung unmittelbaren Zwanges oder ein Zwangsgeld ~~von RM, im Nichteinrtreibungsfalle Tage Haft angedroht**~~. Sie werden außerdem darauf hingewiesen, daß Sie die durch Ihre Tätigkeit im Luftschutz erlangten Kenntnisse, soweit sie nicht für die Öffentlichkeit freigegeben sind, geheimzuhalten haben. Die Pflicht zur Geheimhaltung besteht auch nach Ablauf der Heranziehung fort (siehe Rückseite).

In Vertretung :

(Unterschrift und Amtsbezeichnung)

* Nichtzutreffendes ist zu streichen.
** Zu streichen oder abzuändern, soweit Landesrecht entgegensteht.

40

Anlage 3

Polizeiliche Verfügung - Rückseite

Luftschutzgesetz vom 26. Juni 1935

§ 7. Die im Luftschutz tätigen Personen dürfen Geschäfts- und Betriebsverhältnisse, die sie bei Wahrnehmung ihres Dienstes erfahren, nicht unbefugt verwerten oder an andere mitteilen, über andere Tatsachen, an deren Nichtbekanntwerden die Betroffenen ein berechtigtes Interesse haben, ist Verschwiegenheit zu bewahren.

§ 9. (1) Wer den Bestimmungen der §§ 2 oder 8 oder den darauf beruhenden Rechtsverordnungen und Verfügungen zuwiderhandelt, wird, wenn nicht andere Gesetze schwerere Strafen androhen, mit Haft oder mit Geldstrafe bis zu einhundertfünfzig Reichsmark bestraft.

(2) Wer die Tat begeht, nachdem er bereits wegen Zuwiderhandlung gegen §§ 2 oder 8 rechtskräftig bestraft worden ist, oder wer gegen die Bestimmung des § 7 verstößt, wird mit Gefängnis und Geldstrafe oder einer dieser Strafen bestraft.

Strafgesetzbuch

§ 88. Staatsgeheimnisse im Sinne der Vorschriften dieses Abschnitts sind Schriften, Zeichnungen, andere Gegenstände, Tatsachen oder Nachrichten darüber, deren Geheimhaltung vor einer ausländischen Regierung für das Wohl des Reichs, insbesondere im Interesse der Landesverteidigung erforderlich ist.

Verrat im Sinne der Vorschriften dieses Abschnitts begeht, wer mit dem Vorsatz, das Wohl des Reichs zu gefährden, das Staatsgeheimnis an einen anderen gelangen läßt, insbesondere an eine ausländische Regierung oder an jemand, der für eine ausländische Regierung tätig ist, oder öffentlich mitteilt.

Anlage 4

<u>L u f t s c h u t z - P l a n b e s p r e c h u n g</u>

im Luftschutzort III.Ordnung Hennef/Sieg
am 28. Januar 1943.

<u>Ort</u> der Besprechung: Saal des Hotel "Kaiserhof" in Hennef/Sieg.

<u>Beginn:</u> 10,30 Uhr.

<u>Dauer:</u> etwa 2 Stunden.

<u>Inhaltsverzeichnis:</u>

    I. Besprechungsfolge.
   II. Leitung und Teilnehmer.
  III. Verfügbare Kräfte.
   IV. Allgemeine Lage.
    V. Besondere Lage.
   VI. Wetterlage.
  VII. Übungszweck.
 VIII. Übungsannahme.
   IX. Übungseinlagen.

Erste Seite des Protokolls

42

Anlage 5

Letzte Seite des Protokolls

VIII. Obdachlosenbetreuung.

Zur Unterbringung von Obdachlosen nach Fliegerangriffen sind innerhalb des Ortes Hennef insgesamt 7 Auffangstellen eingerichtet. Jn den übrigen Orten sind als Auffangstellen die dort vorhandenen Gastwirtschaften und Schulen bestimmt. Die Einweisung in Quartiere erfolgt an Hand der bei der Gemeindeverwaltung geführten Quartierkartei, sodaß eine Unterbringung auf schnellstem Wege gewährleistet ist. Verpflegung und Betreuung der Obdachlosen wird durch Organe der Partei bezw. NSV durchgeführt.

S c h l u ß b e m e r k u n g e n .

Die Gemeindeverwaltung und der örtliche Luftschutzleiter haben alles getan, um den Luftschutzort Hennef/Sieg luftschutzbereit zu machen. Es muß anerkannt werden, daß bei der Bevölkerung sowohl wie auch bei den industriellen und gewerblichen Betrieben vollstes Verständnis für die Belange des Luftschutzes gefunden wurde. Trotzdem bleibt noch viel zu tuen übrig. Es steht jedoch zu hoffen, daß die bestehenden Schwierigkeiten nach und nach beseitigt werden können.

Hennef/Sieg, den 28. Januar 1943.

Der Bürgermeister
als örtlicher Luftschutzleiter.
Jn Vertretung.

I. Beigeordneter.

Anlage 6

Erklärungen zu Abkürzungen u. ä. im Protokoll
Diese wurden überwiegend aus dem Internet bzw. dem Brockhaus-Lexikon entnommen

Bahre. Bezeichnung speziell für diejenigen Gestelle, auf denen Tote transportiert werden, jedoch werden Trage (s. d.) und Bahre umgangssprachlich oft synonym verwendet.

Fliegeralarm: Der Fliegeralarm war ein Alarmsignal im Zweiten Weltkrieg das mittels Sirenen gegeben wurde.

Instandsetzungsdienst = ID, InstDi, InstD wurde durch die Nazis gegründet mit der Zielsetzung, Einsatzkräfte nach möglichen Bombenabwürfen auf Wohngebiete, wichtige Industrie- und Versorgungsunternehmen oder Versorgungswege vorzubereiten.
Der Dienst hatte folgende Aufgaben:

- Bergung von Verschütteten und Eingeschlossenen
- Freimachen der Verkehrswege für die Fahrzeuge des Sicherheits- und Hilfsdienstes und nachrangig für den allgemeinen Verkehr
- Sicherung oder Abriss einsturzgefährdeter Gebäude
- Instandsetzung beschädigter Brücken sowie der Bau von Behelfsbrücken
- Ausbesserung beschädigter Schutzräume und die Neuanlage von Deckungsgräben, Stollen und behelfsmäßigen Schutzräumen
- Abtransport und Sprengung von Blindgängern

Lambachpumpe. - Eine Hubkolbenpumpe, bei der ein großer, durch eingeleitetes Bachwasser bewegter Schwimmer in einen darüber angeordneten Zylinder einen Kolben antreibt, der Quellwasser durch eine Druckleitung in einen Hochbehälter fördert.

Sie ist nach ihrem Erbauer Wilhelm Lambach (1875 - 1944)

benannt.

Luftgau (Zeichnung aus dem Internet)

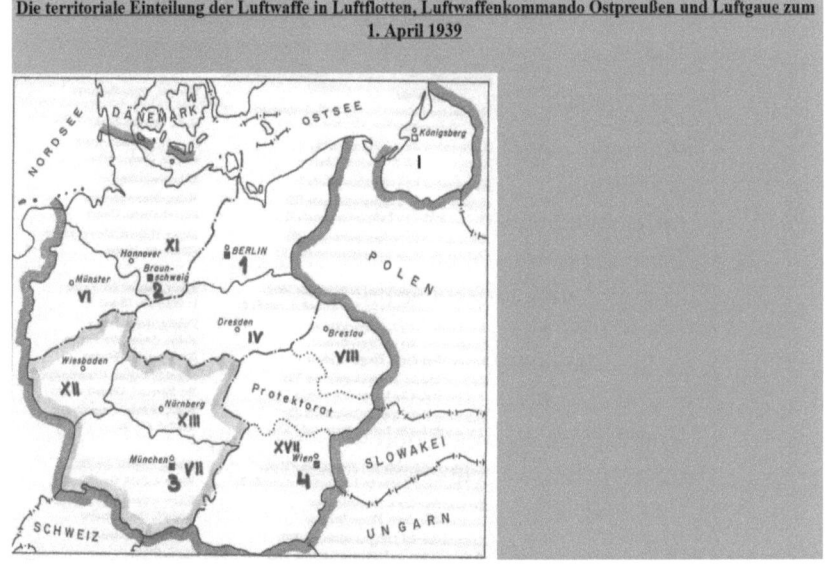

Die territoriale Einteilung der Luftwaffe in Luftflotten, Luftwaffenkommando Ostpreußen und Luftgaue zum 1. April 1939

Luftgefahr = L. Der Begriff Luftgefahr wurde als Einheit für die Dauer bis zum Eintreffen feindlicher Flugzeuge verwendet.

Luftschutz = LS. Sammelbegriff für Maßnahmen zum Schutz gegen Bombenangriffe. Zu unterscheiden sind staatliche und private Maßnahmen, letztere häufig aufgrund gesetzlicher Vorgaben, aktive (Flugabwehr) und passive Maßnahmen (ziviler Luftschutz).

Bereits der Erste Weltkrieg zeigte, dass bei Kriegshandlungen zunehmend auch die Zivilbevölkerung gefährdet sein kann. 1927 hatte die deutsche Regierung beschlossen, Maßnahmen für den zivilen Luftschutz zu treffen.

Im Zweiten Weltkrieg hatte der L folgende Aufgaben:

1. Aktiv:

   • Überwachung und Abschirmung (Jäger) des Luftraumes

45

- Bekämpfung von Feindflugzeugen durch Flak (Flug-abwehrkanonen)
- unbemannte Sperrballone an langen Seilen (zum Schutz vor Tieffliegern)

2. Passiv

   a) technisch:

- Warnung der Bevölkerung durch Sirenen oder Radio-durchsagen
- Luftschutzbunker
- Bauliche Maßnahmen in allen Häusern
  - Luftschutzkeller mit feuerfesten Stahltüren
  - Verbindung zwischen den Luftschutzkellern benachbarter Häuser als Fluchttunnel
  - Zusätzliche Abstützungen der Kellerdecken
- Brandschutzvorsorge durch Bereitstellen von Eimer, Feuerspritze, Löschpatsche, Löschsand
- Gasmasken
- u. a.

   b) organisatorisch

- Ausbildung der Bevölkerung in Luftschutzmaßnahmen und zur psychologischen Führung, Einsatz von Luft-schutzwarten zur Führung der Bevölkerung bei Luft-angriffen.
- Luftschutzverordnungen, Einstufung von Gemeinden nach ihrer Luftgefährdung
- Aufbau und Ausbau von Einsatzeinheiten
- Verpflichtung von Betrieben zum Aufbau eines Werk-luftschutzes,
- Aufbau eines Besonderen Luftschutzes der Verwaltun-gen (Post, Bahn und dergl.)
- Verdunkelungspflicht

- u. a.

Luftschutzamt, im Dritten Reich im Geschäftsbereich von

Luftschutzorte. Die Städte wurden nach dem Grad der Luftgefährdung in Orte I., II. Und III. Ordnung eingeteilt. Es gab 94 Luftschutzorte I. Ordnung. Dazu gehörte zunächst Berlin und weitere 60 Städte mit mehr als 100.000 Einwohnern, die als stark luftgefährdet galten und kriegswichtige Rüstungsbetriebe beherbergten, z.b. Düsseldorf, Friedrichshafen, Siegen, Ludwigshafen Mannheim, Osnabrück, Augsburg, Münster, Hannover, Braunschweig, Peine, Hamburg, Bremen, Bochum, Darmstadt, Rostock, Fürth, Trier, Wien, Stuttgart, Emden, Wuppertal, Köln ...
In solchen Städten mussten u.a. Großbunker gebaut werden, die man z. T. noch heute sieht.

Definiert waren 201 Luftschutzorte II. Ordnung, z.b. Düren, Siegburg, Troisdorf.

Alle übrigen Orte waren Luftschutzorte III. Ordnung, wie z.b. Hennef.

Marinetrage = (heute unter DIN 13013 =) **Krankentransport-Hängematte.** Sie kommt aus der Schifffahrt. Durch die engen Gegebenheiten der steilen Niedergänge und engen Luken sowie der Notwendigkeit des Schiff-zu Schiff-Transportes wurde diese Spezialtrage entwickelt. Der in ihr befindliche Verletzte hat festen Halt und kann in jede Lage gebracht werden ohne herauszufallen. Die Abdeckung durch das feste Segeltuch bietet Schutz vor Wind und Nässe. Durch diese Eigenschaften wurde die Hängematte zu einem wichtigen Hilfsmittel zur Personenrettung auch an Land.

Nationalsozialistische Volkswohlfahrt = **NSV**, eine Parteiorganisation der NSDAP, hatte ähnliche Aufgaben wie DRK, Diakonie oder Caritas.

Im Verlauf des Zweiten Weltkrieges übernahm die NSV immer mehr Aufgaben im Bereich der Kinder- und Jugendarbeit, betreute die „arischen" Mütter und deren Kinder in den Kindergärten und Mütterheimen.

Finanziert wurde die NSV aus Spenden und den Beiträgen ihrer zahlenden Mitglieder.

Reichsluftschutzbund = RLB. Das war ein öffentlicher Verband für den deutschen Luftschutz.

Er wurde bereits 1933 von Hermann Göring gegründet und unterstand seinem Ministerium.

Im Jahre 1939 waren etwa 15 Millionen Mitglieder im RLB organisiert. Sie wurden ausgebildet im luftschutzgemäßen Herrichten eines Hauses oder der Wohnung, Brandbekämpfung, Gasschutz, Erste Hilfe, Meldewesen. Zur Teilnahme an den Ausbildungsveranstaltungen des RLB konnte jeder durch das Luftschutzgesetz vom 26. Mai 1935 (s. Anlage 2 + 3!) verpflichtet werden.

Sch = Schutzpolizei

Scheinwerfer, die bei den Fliegerabwehrkanonen standen, erhellten den Nachthimmel und erfassten die feindlichen Flugzeuge. Die Flak konnte aber die immer höher fliegenden Bomber kaum noch treffen. Zudem warfen die feindlichen Flugzeuge Staniolbänder in Massen ab; durch sie wurden die eigentlichen Flugzeuge „versteckt".

Sicherheits- und Hilfsdienst = SHD war ein Aufgabenbereich des LS. In Luftschutz-Orten war die Polizei zuständig; sie konnte bei Bedarf auf **Das Deutsche Rote Kreuz,** die **Technische Nothilfe** und die **Feuerwehr** zurückgreifen. Fachdienste des SHD waren:

• LS-Feuerlöschdienst
• LS-Instandsetzungsdienst
• LS-Sanitätsdienst
• LS-Veterinärdienst

- LS-Entgiftungsdienst

Trage (oder umgangssprachlich **Tragbahre**). Eine Vorrichtung, mit der eine nicht gehfähige Person in zumeist liegendem Zustand von – je nach Ausführung – einem oder mehreren Helfer(n) transportiert werden kann.

Weihnachtsbäume wurden im Volksmund die von den feindlichen Bombern abgeworfenen Zielmarkierungsbomben genannt. Sie machten damit die angeordnete Verdunkelung unwirksam. Ihr Erscheinungsbild war dem von heutzutage abgefeuerten Neujahrsraketen ähnlich.

Anlage 7

Ortsangaben im Protokoll

- Petershohner Bach → Bach am Käsberg
- Ahrenbach → Weiler südöstlich von Blankenberg
- Steinerbach → (Steiner Bach) bei Stein
- Wolfsbach →fließt durch das Dürresbachtal
- Blankenbach → Ort zwischen Uthweiler und Söven
- Pleisbach → durchfließt bei Dambroich kurz das Hennefer Gebiet, etwa parallel zur L143
- Hommerich → (heute Milchhof) südlich von Hennef
- Dürresbach → (heute Reiterhof) oberhalb der Sportschule
- Lanzenbach → Ort im Hanfbachtal
- Wiederschall → Weiler im Hanfbachtal
- Scheurenmühle   Ort am Pleisbach